BEI GRIN MACHT SICH IHR
WISSEN BEZAHLT

- Wir veröffentlichen Ihre Hausarbeit,
  Bachelor- und Masterarbeit

- Ihr eigenes eBook und Buch -
  weltweit in allen wichtigen Shops

- Verdienen Sie an jedem Verkauf

Jetzt bei www.GRIN.com hochladen
und kostenlos publizieren

Individueller Krafttrainingsplan. Ziel der Gewichtsreduktion und der Vorbeugung von Rückenschmerzen

Kevin Raue

Bibliografische Information der Deutschen Nationalbibliothek:

Die Deutsche Nationalbibliothek verzeichnet diese Publikation in der Deutschen Nationalbibliografie; detaillierte bibliografische Daten sind im Internet über http://dnb.d-nb.de abrufbar.

ISBN: 9783346351456
Dieses Buch ist auch als E-Book erhältlich.

Druck und Bindung: Books on Demand GmbH, Norderstedt Germany
Gedruckt auf säurefreiem Papier aus verantwortungsvollen Quellen

Das vorliegende Werk wurde sorgfältig erarbeitet. Dennoch übernehmen Autoren und Verlag für die Richtigkeit von Angaben, Hinweisen, Links und Ratschlägen sowie eventuelle Druckfehler keine Haftung.

Das Buch bei GRIN: https://www.grin.com/document/990198

Deutsche Hochschule für

Prävention und Gesundheitsmanagement

Hermann Neuberger Sportschule 3

66123 Saarbrücken

Einsendeaufgabe

Fachmodul:	Trainingslehre I
Studiengang:	Bachelor of Arts - Fitnessökonomie
Datum Präsenzphase:	17.08.2020 – 20.08.2020
Name, Vorname:	Raue, Kevin
Studienort:	**Frankfurt a. M.**
Semester:	**WS 2019**

Inhaltsverzeichnis

1 Diagnose

Bevor ich einen adäquaten und gezielten Trainingsplan erstellen kann, muss ich mit dem Kunden ein Erstgespräch durchführen. Dieses beinhaltet zunächst die Erfragung der allgemeinen Daten wie Alter, Geschlecht, Körpergröße, Körpergewicht etc. Daraufhin ist die Trainingsmotivation, berufliche Tätigkeit, aktuelle und frühere sportliche Leistungsfähigkeit herauszufiltern. Um dem Kunden einen auf sich zugeschnittenen Trainingsplan zu erstellen ist die zeitliche Komponente ein wichtiger Faktor. Im Anschluss an die allgemeinen Fragen, wird eine Anamnese durchgeführt. Die Anamnese beschäftigt sich u.a. mit der vergangenen und aktuellen gesundheitlichen Situation des Trainierenden, die bei der Trainingsplanung unabdingbar ist. Es muss geklärt werden, ob internistische oder orthopädische Erkrankungen vorliegen und ob eine regelmäßigen Medikamenteneinnahme vorgenommen wird.

Zum Abschluss wird der Blutdruck gemessen und eine Körperfettanalyse durchgeführt, um zu schauen wie das Verhältnis von Muskelmasse zu Körperfett ist und weitere elementare Informationen (Grundumsatz, viszerales Fett etc.) zu erhalten.

1.1 Allgemeine und biometrische Daten

Tabelle 1: Allgemeine Daten

Alter	06.01.1987, 33 Jahre
Geschlecht	männlich
Körpergröße	179 cm
Körpergewicht	85 kg
Trainingsmotive	Gewicht reduzieren (8 kg in 6 Monaten) Verbesserung der allgemeinen Fitness (Kraftsteigerung) Rücken stärken (weiteren Schmerzen vorbeugen)

Berufliche Tätigkeit	Bürokaufmann (sitzende Tätigkeit)
Aktuelle und frühere sportliche Aktivitäten	Zurzeit keinerlei sportliche Aktivitäten, früher aktiver Fußballer (bis vor 2 Jahren, höchste Spielklasse Verbandsliga, 6. Liga, 3-4x Training pro Woche)
Zeitlicher Verfügungsrahmen	3x Training pro Woche

Bei der Ermittlung der biometrischen Daten wird zunächst der Blutdruck gemessen und in die entsprechende Klassifikation eingeteilt. Im Anschluss daran wird eine Körperanalyse durchgeführt, um die aktuellen Werte bezgl. Muskelmasse, Körperfett, viszerales Fett usw. zu erheben.

Tabelle 2: Biometrische Daten

Blutdruck	128/83 mmHG
Muskelmasse	38,1 kg
Körperfett	19,3 kg (21,4 %)
Viszerales Fett	93 cm²

Der Blutdruck liegt mit einem systolischen Wert von 128 mmHG unter dem Wert von 130 mmHG, welcher dem Normalwert entspricht. Auch der diastolische Wert, der bei 83 mmHG liegt, ist unterhalb der normalen Einstufung zu sehen. Aufgrund dieser Werte ist festzustellen, dass der Kunde einen normalen Blutdruck hat, welches ein optimales Krafttraining im Rahmen seiner Zielsetzungen zulässt. Die Blutdruckklassifikation lässt sich in der untenstehenden Tabelle noch einmal gegliedert sehen.

Tabelle 3: Blutdruckklassifikation der American Heart Association (modifiziert nach Mancia et al., 2013, S. 1286)

Bewertungsstufen	Systolischer Blutdruck	Diastolischer Blutdruck
Normblutdruck (Normonotie)		
optimal	unter 120 mmHG	unter 80 mmHG
normal	unter 130 mmHG	unter 85 mmHG
hochnormal	130-139 mmHG	85-89 mmHG
Bluthochdruck (arterielle Hypertonie)		
Stufe 1	140-159 mmHG	90-99 mmHG
Stufe 2	160-179 mmHG	100-109 mmHG
Stufe 3	> 180 mmHG	> 110 mmHG

Bezüglich der anderen Werte der biometrischen Daten lässt sich sagen, dass der Anteil an Muskelmasse in Bezug auf Geschlecht und Alter etwas im überdurchschnittlichen Bereich liegt. Hieran lässt sich erkennen, dass der Kunde trotz seiner zweijährigen Sportpause nicht viel Muskelmasse verloren hat. Der prozentuale Anteil des Körperfetts liegt ebenfalls im übernormalen Bereich, was auf sein Übergewicht zurückzuführen ist. Das viszerale Fett ist mit 93cm² noch im Grenzbereich, allerdings sollte der Wert nicht über die 100cm² steigen, um möglichen Erkrankungen vorzubeugen.

Des Weiteren befindet sich der Proband nicht in ärztlicher Behandlung und es liegen keinerlei internistische Beschwerden oder Erkrankungen vor. Orthopädische Probleme gibt es auch keine und der Kunde nimmt auch keine Medikamente ein. Dies sind optimale Voraussetzungen für ein optimales Training.

Tabelle 4: Allgemeiner Gesundheitszustand

Internistische Erkrankungen	keine
Orthopädische Probleme	keine
Medikamente	keine

1.2 Krafttestung

Der Kunde ist im Rahmen des Krafttrainings noch als Beginner einzustufen, da er hier noch keinerlei Erfahrungen außerhalb des Athletiktrainings im Fußball gemacht hat. Im fußballerischen Bereich konnte er gerade im funktionellen Zusammenhang mit dem eigenen Körpergewicht schon einige Erfahrungen sammeln. Aufgrund dessen würde sich generell auch ein funktionsgymnastischer Krafttest anbieten. Allerdings ist die ungenaue Übertragung bzw. schwierige Interpretation im Hinblick auf die Trainingsgewichte beim Gerätetraining ein Problem, da lediglich mit dem eigenen Körpergewicht gearbeitet wird. Auch vom Krafttest über das subjektive Belastungsempfinden und dem Maximalkrafttest (1-RM-Test) ist abzuraten. Bei dem subjektiven Belastungsempfinden besteht die Problematik darin, dass man auf die Aussagen des Kunden angewiesen ist. Im Hinblick auf die fehlende Erfahrung des Probanden und die erfahrungsgemäße zu hohe Belastung bei Männern ist dieser Test nicht unbedingt geeignet. Ähnliches gilt beim Maximalkrafttest (1-RM-Test) hinsichtlich der Erfahrung im Krafttraining. Als Beginner ist diese Methode nur schwer exakt durchführbar, da der Kunde sich bei der einzelnen Wiederholung so anstrengt, dass vor allem Technik und Bewegungsausführung darunter leiden.

Aufgrund der oben genannten Punkte wird der Mehrwiederholungskrafttest (X-RM-Test) durchgeführt. Das „X" steht hierbei für die Anzahl der Wiederholungen. Dieser ist besonders geeignet, da die Grundlage bei dieser Krafttestmethode zuerst die Festlegung des Trainingsziels, kombiniert mit der entsprechenden Wiederholungsanzahl, ist.

Bevor der 20-RM-Test durchgeführt werden kann, muss ein geeignetes Aufwärmen stattfinden, damit die Körpertemperatur und die Leistungsfähigkeit des Herz-Kreislauf-Systems erhöht wird. Außerdem dient das Warm Up zur Verletzungsprophylaxe und zur Einstimmung auf das Training, indem man den Fokus und die Konzentration auf das beginnende Training richtet. Nachdem allgemeinen Aufwärmen auf dem Crosstrainer, welches 10 Minuten dauert, geht es weiter zum speziellen Warm Up. Dieses sieht vor, lokale Muskelgruppen und Gelenkstrukturen zu erwärmen und mobilisieren. Der Proband führt zusätzlich vor der Testung noch einen Aufwärmsatz mit geringem Gewicht durch.

Der Kunde führt pro Testsatz 20 Wiederholungen durch. Es werden bis zu drei Testsätze durchgeführt. Das Einstiegsgewicht wird durch den Trainer und dessen subjektive Wahrnehmung bezgl. des Sportlers festgelegt. Nach jedem Satz wird eine Minute pausiert und ab dann das Gewicht um 5%, 10% oder 25% nach dem subjektiven Empfinden des Probanden erhöht. Sollte dieser den zweiten Satz ohne Probleme oder gar nicht schaffen, wird ein dritter Satz durchgeführt. Wenn der Kunde die 20 Wiederholungen im zweiten Satz gerade so schafft, dient dieser Durchlauf als Richtlinie und die Übung kann abgebrochen werden.

Tabelle 5: Ergebnisse des 20-RM-Tests

Übung	Testsatz 1	Testsatz 2	Testsatz 3	Ergebnis
Beinpresse	150 kg	155 kg	-	155 kg
Beinbeuger	40 kg	45 kg	-	45 kg
Rudergerät	50 kg	60 kg	55 kg	55 kg
Brustpresse	45 kg	50 kg	-	50 kg
Latzug	35 kg	40 kg	45 kg	45 kg
Schulterdrücken	25 kg	30 kg	35 kg	35 kg
Bauchtrainer	25 kg	30 kg	-	30 kg
Rückentrainer	50 kg	55 kg	-	55 kg

Die Schlussfolgerungen, die sich aus den Testergebnissen ergeben, sind u.a., dass die optimale Trainingssteuerung nun ermittelt werden kann. Anhand der Trainingsplanung nach der ILB-Methode wird nun die prozentuale Trainingsintensität festgelegt. Diese liegt bei Beginnern zwischen 50% und 70%. Somit lassen sich die Gewichte der einzelnen Übungen errechnen. Die Wiederholunganzahl, welche bei 20 liegt, ist durch den 20-RM-Test auch festgelegt worden. Diese Daten dienen zur Erstellung des Mesozyklus. Des Weiteren kann man den Mehrwiederholungskrafttest nach Ende der einzelnen Mesozyklen und am Ende des Makrozyklus noch einmal durchführen, um eine Leistungsentwicklung zu sehen und welche Methode am besten für die Zielerreichung des Kunden gegriffen hat.

2 Zielsetzung/Prognose

Die Ziele ergeben sich nun aus der Trainingsmotivation, die der Kunde im Erstgespräch mitgeteilt hatte. Nach seiner sportlichen Pause möchte der Proband Gewicht verlieren und unbedingt seine allgemeine Fitness wieder verbessern. Da er als Bürokaufmann tätig ist, möchte er den Rücken stärken, um weiteren Schmerzen vorzubeugen.

Tabelle 6: Ziele des Kunden

Inhalt	Ausmaß	Zeit
Gewicht reduzieren	Gewicht um 8 kg reduzieren	innerhalb von 6 Monaten
Allgemeine Fitness verbessern (Kraftsteigerung)	Verbesserung um bis zu 20 %	innerhalb von 3-4 Monaten
Rücken stärken (weiteren Schmerzen vorbeugen)	Schmerzskala von 3/10 auf 0/10 reduzieren	innerhalb von 1-2 Monaten

Der Kunde möchte innerhalb von 6 Monaten 8 kg Körpergewicht verlieren, da er aufgrund seiner sportlichen Pause in den letzten 2 Jahren einiges an Gewicht zugelegt hat. Dies wird jedoch nur in Kombination mit einer Ernährungsumstellung möglich sein. Insgesamt ist es für sein Alter und seine Körperkonstitution ein realistisches Ziel, weil man pro Woche ca. 250-500g Körperfett verlieren kann.

Das zweite Ziel, die Kraft zu steigern, ist dahingehend begründet, dass im Vergleich zur aktiven sportlichen Zeit dem Kunden nun einige Dinge deutlich schwerer fallen, wie z.B. Wasserkasten tragen oder auch Treppen steigen. Diese alltäglichen Situationen haben aufgezeigt, dass in dieser Richtung etwas passieren muss. Das Ziel der Kraftsteigerung von 20 % innerhalb der nächsten 3-4 Monate wurde vom Trainer festgelegt, da es bei Beginnern des Krafttrainings durchaus möglich ist bis zu 20 % ihrer Kraft zu steigern. Dies wird anhand des Mehrkraftwiederholungstests am Anfang und schließlich am Ende des Makrozyklus gemessen. Auch weitere Messungen nach den einzelnen Mesozyklen können hier schon Aufschluss geben.

Das dritte und letzte Ziel ist in Abhängigkeit zum Arbeitsplatz zu sehen. Der Kunde ist als Bürokaufmann tätig und sitzt täglich 7-8 Stunden am Schreibtisch. Generell sind bisher nur leichte Schmerzen (3 von 10 auf der Schmerzskala), jedoch soll der Rücken so weit gestärkt werden, dass die Schmerzen verschwinden und weiteren Schmerzen vorgebeugt werden. Durch die ausgewählten Übungen ist eine Stärkung des Rückens in jedem Fall möglich.

3   Trainingsplanung Makrozyklus

Der Makrozyklus, der sich in vier Mesozyklen mit einer Dauer von ca. 6 Wochen pro Zyklus aufteilt, ist für eine Dauer von sechs Monaten geplant. Innerhalb der einzelnen Mesozyklen kann sich das Zeitfenster auch immer mal verschieben, je nach Fortschritt des Kunden oder auch einzelner Einflussfaktoren von außen. Die gewählte Methode ist die ILB-Methode (Individuelle Leistungsbild Methode) auf Basis des 20-RM-Tests.

Tabelle 7: Makrozyklus des Kunden

	Mesozyklus 1	Mesozyklus 2	Mesozyklus 3	Mesozyklus 4
Zyklusdauer	6 Wochen	6 Wochen	6 Wochen	6 Wochen
Spezifisches Trainingsziel	Kraftausdauer	Übergangstraining	Muskelaufbau	Maximalkraft
Wiederholungen	20	15	10	5
Einheiten pro Woche	3	3	3	3
Organisationsform	GK (Zirkel)	GK (Station)	GK (Station)	GK (Station)
Übungen pro Muskelgruppe	1-2	1-2	1-2	1-2
Sätze pro Übung	2	2	2	2
Intensitäten	50-70 % ILB	50-70 % ILB	60-80 % ILB	60-80 % ILB
Satzpausen	60 Sek.	60 Sek.	60 Sek.	90 Sek.
Bewegungstempo	2-0-2	2-0-2	2-0-2	2-0-2

Die ILB Methode wurde ausgewählt, da diese zunächst den optimalen Einstieg in ein Krafttraining bietet. Der Makrozyklus ist in einer linearen Periodisierung aufgebaut. Im ersten Mesozyklus wird mit einem Kraftausdauertraining mit 20 Wiederholungen pro Satz begonnen. Durch das geringere Gewicht und die vielen Wiederholungen stehen die Bewegungsausführung und Technik im Vordergrund, welche der Kunde zunächst einmal verinnerlichen sollte, um den bestmöglichsten Erfolg zu erzielen. Beim Kraftausdauertraining wird in einer Zirkel Organisationsform begonnen, damit eine Verinnerlichung der einzelnen Übungen stattfindet und somit die Bewegungsausführung optimiert wird. Durch den ständigen Wechsel der Geräte und der damit verbundenen Muskelgruppen kommt es langsamer zu einer Ermüdung des Muskels und die einzelnen Stationen können gezielter absolviert werden. Grundsätzlich werden im gesamten Makrozyklus pro Woche

3 Trainingseinheiten durchgeführt, um dem Prinzip der Superkompensation nachzuge-
hen. Hier muss gesichert sein, dass nach jedem Trainingstag ein Tag Pause vorhanden ist,
damit nach dem Trainingsreiz und der verbundenen Ermüdung die Regeneration eintreten
kann. Nach der Regenerationsphase kommt es zu einer Erhöhung der Leistungsfähigkeit
(P. Hofmann, G. Tschakert, A. Müller, 2017).

Die Anzahl der Sätze, die auf 2 festgelegt ist und die Anzahl der Muskelgruppen, welche
immer 1-2 Muskelgruppen betrifft, stellt die optimale Trainingssteuerung für einen Beginner dar. Da es sich um ein Ganzkörpertraining handelt, sollte dies auch gewährleistet
sein und die großen Muskelgruppen gezielt trainiert und gestärkt werden. Es wird mit
einer Intensität von 50-70% des maximalen Gewichts in Bezug auf die Anzahl der Wiederholungen trainiert, damit der Einstieg und die Ausführung des Krafttrainings gewährleistet ist. Durch das junge Alter und den guten Gesundheitszustand des Kunden wird
bereits im 3. Mesozyklus mit einer Intensität von 60-80% trainiert, um die Motivation
hochzuhalten und eine weitere Leistungssteigerung zu ermöglichen.

Da nach dem ersten Mesozyklus die Übungen nun verinnerlicht wurden, kann ab diesem
Zeitpunkt mit dem Stationstraining begonnen werden, um gezielter mit dem Muskelauf-
bau im Übergangstraining zu beginnen. Beim Stationstraining absolviert der Kunde die
Sätze mit einer Satzpause am gleichen Gerät, um danach zur nächsten Übung weiterzu-
gehen. Die Wiederholungsanzahl wird im zweiten Mesozyklus auf 15, im dritten Mesozyklus auf 10 und im letzten Mesozyklus auf 5 reduziert, um gezielter auf das Muskelauf-
bautraining bzw. Maximalkrafttraining einzugehen. Hierbei werden die Gewichte pro
Zyklus dementsprechend gesteigert. Durch die Erhöhung des Gewichts pro Wiederholung
im Maximalkrafttraining erhöht sich auch die Satzpause, um der Muskelermüdung etwas
entgegenzuwirken.

4 Trainingsplanung Mesozyklus

Tabelle 8: Mesozyklus 1

	Mesozyklus 1
Zyklusdauer	6 Wochen
Spezifisches Trainingsziel	Kraftausdauer
Wiederholungen	20
Einheiten pro Woche	3
Organisationsform	GK (Zirkel)
Übungen pro Muskelgruppe	1-2
Sätze pro Übung	2
Intensitäten	50-70 % ILB
Satzpausen	60 Sek.
Bewegungstempo	2-0-2

Tabelle 9: Krafttrainingsübungen

Übung
Beinpresse
Beinbeuger
Rudergerät
Brustpresse
Latzug
Schulterdrücken
Bauchtrainer
Rückentrainer

Der erste Mesozyklus, welcher über 6 Wochen geht, wird als Kraftausdauertraining durchgeführt. Alle Übungen werden in diesem ersten Mesozyklus an Geräten in einer Zirkelform durchgeführt, um zunächst eine optimale Bewegungsausführung und Fehlervermeidung zu erlangen.

In der ersten Woche wird mit einer Intensität von 50% des ILB-Tests trainiert. Diese wird im Rahmen der weiteren 3 Wochen jeweils um 2% pro Woche erhöht. Ab der 5. Woche des Mesozyklus wird mit einer Intensität von 60% und in der 6. Woche mit einer Intensität von 70% trainiert, da der Fitness- und Gesundheitszustand des Kunden dies zulassen sollten. Außerdem wird schon auf das Übergangstraining im zweiten Mesozyklus vorbereitet. Die einzelnen Übungen für das Ganzkörpertraining wurden so ausgewählt, dass die großen Muskelgruppen alle angesprochen werden und es anhand der Ziele des Kunden zum einen zu einer Gewichtsreduktion mit Steigerung der allgemeinen Fitness kommt und zum anderen den Rückenschmerzen vorgebeugt wird.

Das Training startet nach einem allgemeinen und speziellen Aufwärmen mit der Beinpresse. Die Beinpresse trainiert vor allem den M. quadrizeps femoris und den M. glutaeus maximus. Die positive Wirkung dieser Übung ist die Stärkung des Hüft- und Kniegelenks, was beim Kunden, der viel sitzt, von enormer Wichtigkeit ist. Die Beinpresse wird zu Beginn des Trainings durchgeführt, da sie ziemlich komplex und durch die Ansteuerung mehrerer Muskelgruppen auch ziemlich intensiv ist.

Die zweite Übung ist der Beinbeuger. Hier wird vor allem die Rückseite des Oberschenkels mit trainiert. Da der Beinbeuger sowohl für die Hüftextension, als auch die Knieflexion mit verantwortlich ist, welche enorm wichtig beim Laufen ist, ist es im Hinblick des Kunden und seiner Ziele enorm wichtig auch hier anzusetzen. Im Anschluss daran wird mit dem Rudergerät weitergemacht. Beim Rudern wird vor allem die große Rückenmuskulatur, der Trapezmuskel und der untere Rückenbereich gestärkt und gekräftigt. Dies ist im Hinblick auf die geringen Schmerzen des Kunden enorm wichtig und die Zielsetzung die Schmerzen zu verringern bzw. zu beseitigen. Um auch dem Ganzkörpertraining gerecht zu werden, muss auch die Brustmuskulatur trainiert werden. Diese wird durch das Ausführen der Brustpresse erlangt. Beim Training der Brustpresse im Sitzen wird vor allem der große und kleine Brustmuskel, sowie der Deltamuskel gestärkt.

Beim Latzug wird hauptsächlich der M. latissimus und der M. trapezius trainiert. Dies dient der Vorbeugung und Verbesserung bei Nackenverspannungen. Da der Kunde im Durchschnitt bis zu 8 Stunden am Schreibtisch sitzt, ist diese Übung essentiell.

Das Schultergelenk ist eines der wichtigsten funktionellen Gelenke, die der menschliche Körper besitzt, sodass auch hier eine Kräftigung für die allgemeine Fitness des Kunden ist. Die letzten beiden Trainingsgeräte sind der Bauchtrainer, der vor allem die geraden Bauchmuskeln beansprucht und der Rückentrainer, der vorwiegend den M. erector spinae trainiert. Beide Übungen sind gerade im Hinblick auf die berufliche Situation des Kunden enorm wichtig, um eine gerade Haltung zu bewahren.

5   Literaturrecherche

Effekte des Krafttrainings bei arterieller Hypertonie

Tabelle 10: Studie 1

Autoren	Kevin S Heffernan, Eun Sun Yoon, James E Sharman, Justin E Davies, Yuan-Ta Shih, Chen-Huan Chen, Bo Fernhall, Sae Young Jae
Jahr der Veröffentlichung	13.12.2012
Forschungsfrage	Wie verändert sich der Blutdruck nach einem Krafttraining bei Männern und Frauen mit Prehypertonie oder nie behandelter Hypertonie?
Versuchspersonen	21 (Alter 61 ± 1 Jahre, n = 6 Männer; durchschnittlicher systolischer Blutdruck (SBP) / diastolischer Blutdruck (DBP) = 138/84 mm Hg)
Versuchsaufbau	Die Versuchspersonen wurden in 2 Gruppen aufgeteilt. In eine Krafttrainingsgruppe und eine Kontrollgruppe. Der Zeitraum der Studie lief über 12 Wochen. Der Blutdruck wurde zu Beginn und nach Ablauf der 12 Wochen gemessen.
Ergebnisse/Schlussfolgerungen	Bei der Krafttrainingsgruppe stellte sich eine Verbesserung des SBP um ca. 6 mm HG und des DBP um ca. 7 mm HG ein. Krafttraining kann den zentralen Blutdruck bei älteren Erwachsenen mit Hypertonie und Prehypertonie senken.

Tabelle 11: Studie 2

Autoren	Evitom Corrêa de Sousa, Odilon Abrahin, Ana Lorena Lima Ferreira, Rejane Pequeno Rodrigues, Erik Artur Cortinhas Alves & Rodolfo Paula Vieira
Jahr der Veröffentlichung	03.08.2017
Forschungsfrage	Wie verändert sich der systolische & diastolische Blutdruck durch Krafttraining bei Personen mit Hypertonie?

Versuchspersonen	201
Versuchsaufbau	Es wurde in verschiedenen Studien recherchiert, welchen Effekt das Krafttraining bei Personen mit Hypertonie hat.
Ergebnisse/Schlussfolgerungen	Zusammenfassend lässt sich sagen, dass allein durch Krafttraining der systolische und diastolische Blutdruck bei Probanden mit Bluthochdruck gesenkt wird. Die RCT-Studien, in denen die Auswirkungen des Krafttrainings allein bei Patienten mit Bluthochdruck untersucht wurden, unterstützen die Empfehlung des Krafttrainings als Instrument zur Behandlung der systemischen Hypertonie.

6   Literaturverzeichnis

de Sousa, E., Abrahin, O., Ferreira, A. et al. (2017). *Resistance training alone reduces systolic and diastolic blood pressure in prehypertensive and hypertensive individuals: meta-analysis.* Hypertens Research 40, 927–931.

Heffernan, K., Yoon, E., Sharman, J. et al. (2013). *Resistance exercise training reduces arterial reservoir pressure in older adults with prehypertension and hypertension.* Hypertens Research 36, 422–427.

Hofmann, P., Tschakert, G., Müller, A. (2017). *Kompendium der Sportmedizin. Physiologie, Innere Medizin und Pädiatrie.* Österreich: Springer Verlag

Kersten R., Siebecke R. (2013). *Gerätefitness. Das Lehrbuch zur Trainerausbildung.* (2. überarb. Auflage). Aachen: Meyer & Meyer.